Joanna Lisiak

Wann
bist
du
glücklich

Umschlagabbildung: Zeichnung M. Wagner
(Kinderzeichnung)

Die Deutsche Nationalbibliothek verzeichnet diese Publikation in
der Deutschen Nationalbibliografie; detaillierte bibliografische
Daten sind im Internet über dnb.dnb.de abrufbar.

Herstellung und Verlag: BoD – Books on Demand, Norderstedt.
Alle Rechte, einschließlich der Rechte der öffentlichen Lesung,
vorbehalten.

ISBN 978-3-75974-343-5

Wann bist du glücklich

Zur besseren Lesbarkeit wird in diesem Buch das generische Maskulinum verwendet. Die verwendeten Personenbezeichnungen beziehen sich auf alle Geschlechter. Sie beziehen sich auf den hier angesprochenen Menschen.

Gewidmet Marc und Aniela

Wann bist du glücklich

Was, wenn du jenes Gedicht gar nicht du selbst geschrieben hast damals und es am Ende weniger um die Qualität jenes Textes ging als darum, Jahre später durch einen Traum, der nicht dein Traum war, einen Hinweis dafür zu bekommen, dass die Idee seinerzeit nicht von dir sein konnte und du zu Recht verblüfft bist, woher du die Idee damals aufgriffst und wohin sie dich über den Traum ins Jetzt hineingeführt hat. Was wenn du das Gedicht nur deswegen schreiben musstest, um dir über seinen Inhalt hinaus, dich vor allem der Qualität deiner Träume bewusst zu werden, um dann staunend dich zu verbinden mit etwas anderem.

?

Was, wenn deine Träume vielleicht weitere Impulsgeber für Erfahrungen sind, die du erst machen wirst. Oder wenn sie Auffangnetze von Inspirationen und Schöpfer von

Quellen sind, die sich dir im künftigen
Rückblick erschließen. Und solltest du die
Träume vergessen und nicht in der Lage sein
die Verknüpfung vom Gestern ins Morgen
bewusst herzustellen, so kannst du dich vielleicht doch unbewusst dafür begeistern, dass
ein wichtiger Bestandteil der Träume eben
die Verschlüsselung ist. Die Verschlüsselung, weil das Einfache dir zu profan vor-
kommen würde.

?

Was, wenn alles, was an dich herankommt,
ein Hinweis überhaupt ist, nämlich den
Orientierungslauf anzugehen. Was, wenn du
damit ermutigt wirst, dich auf den Weg zu
begeben, um zu suchen nach den Puzzlestei-
nen, um sie zurückzubringen ins Gebilde,
das dir eine Klarheit und Übersicht bringen
wird, was du jedoch noch nicht sehen
kannst, weil es sich erst im Prozess deiner
Reise erbaut.

?

Woher nimmst du das Vertrauen diese Reise
machen zu wollen. Woraus besteht deine
Neugierde. Wann ist Lust für dich spürbar,
wann fühlst du eine Ablehnung aufzubre-
chen. Und wer versichert dir, dass eines Ta-
ges deine Sinne umso klarer werden, je mehr
du bereit und mutig bist, dich selbst zu sein
oder wagst ins Dunkelste in dir zu gehen.
Und was, wenn dereinst der Nebel sich legt
und dir das große Bild präsentiert, hinter
dem ein noch viel größeres Bild ist, zu dem
du jedoch keinen Zugang haben wirst. Was,
wenn dieses Ereignis das große Bild zu erha-
schen nur allzu kurz dauert und dich zurück-
lässt ohne Antworten zu liefern, ohne die
Garantie für Klärung, vielleicht aber den
Ansatz einer nie zuvor gewesenen Offenbarung aufblitzen lässt. Was aber, wenn es
überhaupt passieren darf, dass dich etwas
streift und berührt ohne sichtbare Spuren zu
hinterlassen, so dich aber doch stark genug
beeindruckt, damit du weißt: Da war etwas.
Da muss etwas sein. Da ist allemal mehr.

?

Was bedeutet für dich unterwegs zu sein in
deinem Leben.

?

Was, wenn das, was du Denken nennst etwas ganz anderes ist und anders überhaupt,
als was du bisher vermutet hast. Was, wenn
es als rein mentale Erfahrung geweitet werden kann und das Grübeln und Durchdenken
hinter sich lassen darf. Was, wenn die Im-
pulse und Inspirationen alle von außerhalb
kommen, von dem, woran du angebunden
bist, aber nicht du selbst bist. Was, wenn
sich diese Inspirationen lediglich an deine
Erfahrungen heften, um sie für dich vertrau-
ter, zugänglicher zu machen, um sich in
deine Biografie einzuflechten und auch deswegen in dich übergehen, damit du diese
Verbindung besser fühlen und annehmen
kannst.

?

Was, wenn Hinweise auf deinem Lebensweg
liebevolle Anleitungen sind nach innen zu
gehen und von wo aus du ihnen folgen
darfst. Was, wenn es leise Einladungen sind,
die du annehmen oder ablehnen kannst.
Was, wenn du diese Möglichkeit und diese
Begleitung, egal, welchen Weg du nimmst,
stets bei dir hast. Was, wenn du den Rück-
halt nicht erkennst, weil er sich anders dar-
legt als wie du den Begriff Erkennen auf-
fasst und daher nicht auf deine gewohnte
Weise erkennen kannst.

?

Was, wenn du dich darauf einlässt das bishe-
rige Denken aufzulösen. Wie würde dein Leben sein, wie würdest du dich verändern und
könntest du, oder vielmehr, wolltest du das
überhaupt. Würde es dir gelingen eine mögliche Angst loszulassen, um dich hinzugeben.

?

Kennst du die diffuse Angst dich zu verlieren, wenn du gefordert bist loszulassen. Wie steht es um deine Zuversicht. Oder ist es vielmehr eine Frage des Mutes, der Überwindung oder der Herausforderung, die dich herumtreiben. Was ist es, was in dir nagt, dich kontinuierlich beschäftigt. Was ist vonnöten, um einem Hinweis stattzugeben oder ihn abzuerkennen.

?

Wie fällst du deine Entscheide, die kleinen, die großen. Machst du Unterschiede zwischen den einfachen und komplexen Entscheidungen. Wägst du ab. Bist du akribisch, systematisch oder bist du natürlich und unbefangen, wenn du einen Entschluss fasst. Bezeichnest du dich als unkompliziert, spontan. Auf was stützt du dich, auf was berufst du dich, auf was verzichtest du nicht. Wo legst du das Gewicht auf die Waagschale: auf das, was du objektiv beweisen und teilen kannst oder auf das, was subtil und innerlich

in dir ist und verständlich insbesondere für
dich alleine. Aus welchem Zustand heraus
bist du bereit etwas zu behaupten oder Dinge
in die Welt hinauszutragen. Wie lange er-
trägst du das Innerliche in dir, bevor es aus
dir herausmuss. Oder behältst du das, was in
deinem Innern existiert just dort und hütest
es wie einen Schatz.

?

Fühlst du dich allein, wenn du bei dir selbst
bist, fühlst du Einsamkeit, wenn du unter
Menschen bist. In welchen Zuständen spürst
du dich am stärksten. An welchem Punkt
fühlst du die Sanftmut. Wann fühlst du das,
was du vielleicht innere Kraft nennst. Wie
würdest du diese Kraft zeichnen. Fiele es dir
leicht oder schwer dich als Teil dieses Kraft-
Wesens mit einzubeziehen. Würdest du dich
in die Skizze integrieren als Körper, den
diese Kraft durchströmt. Oder stündest du
daneben als Empfänger.

?

Was bedeutet Kraftquelle für dich. Wie sehr hältst du sie für womöglich gar nicht vorhanden oder vage, abstrakt, selten zugänglich, fern. Zweifelst du an ihr, an dem Zugang zu ihr überhaupt. Bist du ihrer über den Glauben hinaus gewiss. Welche Formen könntest du einer solchen Kraft zugestehen, welche Farben ihr verleihen, welche Wichtigkeit ihr zuordnen. Ist die Kraft etwas, das für dich Wärme ausstrahlt und wenn ja, wo verortest du diese Wärme, wenn diese Kraft in dich übergeht oder sie bereits in dir ist.

?

Wo existierst du für dich. In deinem Unbewussten oder im Kollektiven, im Subjektiven, im Verbindenden, in der Interkonnektivität, im Überbewussten, in deinem rein körperlichen Zuhause, in deiner Biologie, in der der DNA deiner Ahnenlinie… Spielen solche Kategorien überhaupt eine Rolle für dich, wenn du weißt und sagen kannst: Ich bin. Und vielleicht nicht nur das, sondern

möchtest du weit mehr ausdrücken, dich
deutlicher zugegen machen über den Moment hinaus und mitteilen: Ich bin, ich war,
ich werde sein, ich bin immer.

?

Was, wenn der Glaube und Wunsch, wenn
alle Erfahrungen, die du bereit bist in dir
aufzunehmen, zu etwas führen, das dich
wegführt von dem, was du sein könntest,
was du noch nicht bist, was im Feld deiner
Möglichkeiten jedoch besteht. Kannst du
dich auflösen oder loslösen, wenn du bereits
als du selbst dich fühlst.

?

Wie ordnest du dich ein in Sachen Freiheit
in einer Skala von 1 bis 10. Welches Wort
von Freiheit verwendest du, wenn du wählen
kannst zwischen „liberty" und „freedom".
Wo ist die Freiheit zu suchen, wenn du feststellst, dass alles ineinanderfließt, alles sich
ewiglich befruchtet, und jeder einzelne Ge-

danke, heute in diese, morgen in jene Richtung pendelt. Wenn alles insgesamt in Bewegung versetzt ist, wie ein geordnetes, in sich geschlossenes, funktionierendes System, ein Netz, das unter Wasser schaukelt und bei jeder Bewegung eine neue Form annimmt, sich mal weitet, dann schrumpft.

?

Wozu brichst du aus, wenn es keine eigentliche Trennung gibt. Weshalb ist es für dich wichtig von dir zu sprechen, wenn wir alle Brüder und Schwestern derselben Familie sind. Woher kommt die Begeisterung zuzuhören, wenn jemand dir etwas erzählt, was du nur bestätigend erwidern kannst.

?

Was, wenn du nicht deine Geschichte bist, vielleicht nicht einmal deine Geschichte schreibst. Was, wenn du nicht deine Umstände bist, sie aber durchaus hast. Sind sie

da, um sie anzunehmen oder um zu üben,
dich von ihnen zu distanzieren. Was, wenn
das, was dich hält, dich ebenso zurückhält
von etwas, was du in diesem Gehalten-Sein
nicht fühlen kannst.

?

Was, wenn dir nicht nach Befreiung zumute
ist, schlichtweg, weil du dich wohl fühlst in
deiner Haut, da wo du jetzt bist, und wo du
gerade stehst und was du derzeit im Aus-
blick hast.

?

Was, wenn die anderen mehr Teil von dir
sind, als es dir lieb ist. Und was, wenn es
umgekehrt ebenso ist. Woraus meinst du zu
bestehen. Wo siehst du das Trennende, wo
das Verbindende. Suchst du Liebe, Anerken-
nung, Verständnis oder bist du es: du, der
die Liebe lebt und der die Liebe ist. Du, der
dich erkennt, anerkennt und dich selbst
kennt wie keiner sonst. Du, der Verständnis

hat für dich, dein Bisheriges und die damit verbundenen Konsequenzen, Auswirkungen, die dich prägen.

?

Welche Regeln hast du für dich akzeptiert, weil du musstest oder das Gefühl hast, dass es richtig ist sie zu akzeptieren. Welche Regeln hast du mit Überzeugung vereinnahmt, verinnerlicht. Welche helfen dir praktisch, welche theoretisch, um gut durchzukommen im Leben. Was heißt gut durchkommen für dich genau. Schnell zu sein, gründlich, ohne anzuecken, komplex, individuell oder möglichst konform zu sein. Oder ist durchzukommen etwas, das sich situativ ergibt, das sich nach eigenen Regeln abspielt und der Spielball möglichst oft in der Luft ist. Wie sehr schätzt und lebst du Abstufungen, Feinheiten, Zwischenbereiche, Brüche. Verglichen mit Musik, einem Orchester, dem Musiker: in welcher Rolle befindest du dich. Bist du gar die Partitur, eine einzelne Note, schwebst du mehrstimmig durchs Arrange-

ment. Wie hörst du dir selbst zu. Genießt du
deine Töne, deine Frequenz und deine
Stimme. Bist du dein eigener größter Kriti-
ker. Bist du dein größter Fan. Auf welchen
Wegen verschaffst du dir Gehör.

?

Angenommen, das Eigentliche sind nicht die
Erfahrungen an sich, sondern, was daraus re-
sultiert, was du damit machst. Sprich, wie du
diese Erfahrungen durchlebst und wie du sie
verdaust. Angenommen, deine primären
Sinne sind lediglich Fühler, die dich noch
viel weiter hineintragen können bis zu den
Über-Sinnen hinein, und die vielleicht die
ersten Sinne sind, da sie ursprünglicher, es-
senzieller, profunder sind.

?

Was, wenn dein Handeln, Wirken und Tun,
dein Ausdruck, deine Spuren in all ihren Fa-
cetten und Formen am Ende stets dasselbe
meinen und dennoch allervielfältig sind. Ist

das Leben für dich Entfaltung, ein Abenteuer. Handelt es sich bei jeder gegebenen Möglichkeit im eigentlichen Sinne um eine Heimsuche, ums Stillen einer Sehnsucht. Ist in allem, was du tust stets eine ergründende Frage mit eingewoben.

?

Was oder unterdrückst du etwas. Was legst du offen und frei. Was unternimmst du, um Dinge erträglicher zu machen. Weshalb oder wählst du die Bürde. Wie verfährst du, wenn du möglichst wenig fühlen möchtest. Was tust du, um die Intensität anzukurbeln. Zu welchen Experimenten bist du aufgelegt. Und ein intensiviertes oder fehlendes Fühlen: weshalb, woher, wie umgehen damit.

?

Was bereitet dir Sorge.

?

Wie sehr bist du von Heimweh geprägt. Wie
sehr fühlst du dich als Nomade. Wie fern ist
dir der Gedanke, das Zuhause wie ein
Schneckenhaus stets bei dir zu haben. Was
ist für dich unverzichtbar fürs emotionale
Überleben. Was ist unverzichtbar, um zu leben. Wenn du dich auf der Suche wähnst:
Wie sehr ist dir bewusst, dass du suchst,
oder ist dein mögliches Suchen ein unbe-
wusstes Suchen. Wonach suchst du. Etwa
nach dem, was du verloren glaubst, vergessen glaubst, was du wie ein Versprechen
siehst, das dir zusteht und du dieses Begeh-
ren in dir hast, um etwas zu erlangen.

?

Wo ankerst du dich. Was bewahrt dich davor verrückt zu werden, aufzugeben oder etwas hinzuschmeißen.

?

Wo findest du Antrieb, um zu beginnen.
Woher nimmst du Auftrieb, um vorwärtszu-

kommen. Was ist mit dem Teil von dir, der schon angekommen ist und nicht mehr suchen muss oder will. Wo befinden sich deiner Meinung nach die Gefundenen, die Angekommenen überhaupt. Wo wähnst du dich gerade. Und in welche Richtung gehst du.

?

Die Sache mit der Richtung: Ist sie am Ende weniger Richtung für dich als vielmehr ein blinder Strudel, eine Spirale, ein eher planloser Zickzack-Weg. Oder ist alles eher von einem zarten, inneren Aufbau, von inneren Zuständen aus zu betrachten, wo das Vertrauen mit Klarheit kollidiert, wo du meinst zu wissen, was du zu unterlassen, was du zu tun hast. Fühlst du, als würdest du durch dein Leben geführt.

?

Bist du jemand, der gerne verkürzt oder lieber verlängert die Zeit.

?

Befindest du dich auf ganz anderen Ebenen als den dir bisher bekannten und vertrauten. Erkundest du Terrains in der Nähe, in den Weiten der Ferne. Erforschst du deine Expeditionen in größeren oder kleineren Gruppen, bevorzugt in gemischten, homogenen, oder bist du vorwiegend allein unterwegs. Wie definierst du Harmonie und wie sehr ist sie dein gelebter Teil. Bist du eingebunden durch Status, durch Verträge, Normen, Abhängigkeiten. Wie stehst du zur Verbindlichkeit, zur Loyalität, zu Vertrauen und Verbundenheit. Bist du am liebsten zielorientiert, effizient, produktiv, in Missionen unterwegs. Oder lässt du dich treiben und flatterst wie ein Schmetterling von einer Blüte zur nächsten. Wie zuverlässig bist du. Was bedeutet Verantwortungsgefühl für dich. Was meint Sorgfalt für dich.

?

Ist der Prozess dir heilig. Ist ein offener, überraschender Ausgang dir willkommener als das Ziel. Ist eine angenehme Illusion dir noch lieber. Ist dir das rein Pragmatische zu trocken oder empfindest du es als angenehm neutral.

?

Ist das temporär gefasste Bild dasjenige, woran du mehr glaubst als das fundiert Zementierte, das sich erbaut hat durch Jahre, das durch Hände und Köpfe vieler gegangen ist und daher solide zu stehen scheint.

?

Was siehst du, wenn du im Stadion sitzt: das Spiel auf dem Feld, den Nachbarn zu deiner Seite, die Einheit aller, die Gegenseite, das Ganze. Worin gehst du am meisten auf: in der Vorfreude, in der Euphorie des Moments, in der Melancholie, wenn sich nach der Veranstaltung alles auflöst und jeder getrennt wieder auf seinem eigenen Pfad unter-

wegs ist. Oder gibt es keine Unterscheidung,
weil die Trinität und alle Bestandteile dich
in einem Zug zu beflügeln vermögen.

?

Welche inneren Wege zeichnen sich in dir
ab nach einer gefühlten Euphorie. Wie be-
einflusst sie dich. Siehst du, wenn du Euphorie erlebt hast die Gabelungen auf deinem
Weg verschwommener oder umso deutlicher. Nimmst du neue Abzweigungen wahr,
die schemenhaft sich in die Landschaft
zeichnen, um dir etwas umso genauer zu zeigen oder um was zu verbergen.

?

Was trägt dich: das Gefühl von Einzigartig-
keit oder das Gefühl von Gesamtheit, von
Einheit. Brauchst du Extremen lebendig aus-
gelebt, um dich verbunden, respektive, um
dich einzigartig zu fühlen. Lebst du jenseits
solcher Zuschreibungen, jenseits von Extremen.

?

Wie gehst du mit Komplimenten um. Gibt es
etwas in deinem Leben, das du Sog nennst,
womit du in Symbiose gehst.

?

Suchst du deinen Kern, das, was wesentlich
und dir ganz und gar zu eigen ist. Findest du,
dass dieser Samen, der dich ausmacht längst
in dir gepflanzt ist. Stehst du gerade davor
zu erblühen, zu gedeihen, zu wachsen. Lässt
du offen, was, wie, wann geschieht, weil du
ans Erblühende, Gedeihende, Seiende an
und für sich glaubst oder längst zurück-
blickst auf dein eigenes Wachstum, deine
tiefen, weit verzweigten Wurzeln und Äste.

?

Welche Fragen kannst du als Mensch stellen, wenn du in deinem eigenen Kosmos
dich befindest. Wie kannst du dich über dei-

nen eigenen Horizont hinaus erheben. Wie
zu den Sternen greifen und wie Sternstunden
schaffen für dich oder gemeinsam mit anderen. Wie mitziehen jene, die keine solchen
Bedürfnisse haben, weil sie noch unwissend
sind oder nicht alleine können und die vielleicht jemanden wie dich an die Hand brauchen. Oder weil es jene sind, die mitunter
das annehmen, was ihnen das Leben Tag um
Tag vor die Füße wirft, womit das Leben sie
füttert, verführt, manchmal auch in die Irre
führt und sie sich diesen Gegebenheiten
ohne weiteres Zutun ergeben.

?

Wie erkennst du einen Irrweg. Wer oder was
hilft dir ihn zu erkennen. Wer ist es, der um
die Unterscheidung zwischen Richtig und
Falsch weiß. Gibt es für dich überhaupt dieses Richtig und Falsch, wo doch das Dasein
als solches womöglich gänzlich wertfrei ist,
weil es ist.

?

Vielleicht ist alles ganz einfach, nur eben kompliziert gedacht. Was meinst du. Denkst du, dass über sieben Ecken gedacht und mehrfach theoretisiert, am Ende der Gleichungen die ganz simplen Antworten greifen, sie gar archaischer Natur sind. Vermögen sie dich ins Herz zu treffen oder dich vor den Kopf zu stoßen, wenn solche Antworten von universeller Kraft sind. Halten sie lange genug an, wenn sie flüchtig sind. Bleibt etwas haften, damit du dich Tag um Tag nähren und ihnen entlanghangeln kannst. Bist du überhaupt bereit die Simplizität, am Ende gar die Banalität zu akzeptieren. Sprich, die ganz einfachen Antworten offenen Herzens anzunehmen. Beinah so, als wären sie weniger Antworten, als vielmehr Botschaften, die, nachdem du sie angenommen hast, sie fortan unsichtbar über dir kreisen oder wie Tafeln bei jedem Schritt sich vor dir aufstellen, um die Einfachheit zu demonstrieren.

?

Möchtest du Antworten bekommen, die du lobpreisen oder in eine gute Theorie verpacken kannst. Bist du auf die aus, die du nicht zu schnell, nicht zu einfach in dein eigenes Leben integrieren willst. Gerade so, als wäre das Einfache für dich und deine eigene Komplexität nicht kompliziert genug.

?

Wann wurde das Wort „Aber" in dir manifest. Wo genau verwendest du es besonders häufig. Durch wen oder was kam das Aber zu dir. Welches Gebilde ist um das Wort entstanden, das dich bei seiner Verwendung zu schützen scheint. Ist das Aber etwas, das dir den Weg versperrt und dich an einem freien Gedankenweg hindert. Wartet an jeder Ecke ein Dutzend kleine Abers, die sich hinzugesellen wollen zum großen, die dich temporär abbremsen, aufhalten oder gar stoppen. Verstrickst du dich in Aber-Sätze, in Ausreden. Wie versiert gehst du mit diesem Wort um. Entreißt du es dem ursprüng-

lichen Kontext, um es passend zu machen
für dich. Verwendest du es überspitzt, dra-
matisch und mit Erklärungsketten gestreckt,
selbstironisch leicht oder leise verhalten und
mit Fragezeichen. Siehst du dein Aber als
Chance, als Veto und Protest, als Einhalt,
oder als Blockade, als Verhinderer, gar als
Angstmacher. Oder betrachtest du es als ein
willkommener Ort, um zu rasten, um deine
Gedanken und Gefühle zu ordnen. Ist ein
ausgesprochenes Aber für dich jenes leichte
Lüftchen, das du deinem lodernden Feuer
beifügst, um die Kraft des Feuers noch mehr
zu verstärken, um mit diesem Wort der Öde,
einer zu glatten Harmonie zu entkommen.
Verwendest du es eher ganz intim für dich,
sagst es lediglich still in dich hinein.

?

Wenn deine Taten nicht genügen, wenn die
Vorbilder und Theorien nicht ausreichen,
wenn du anstehst, zu stagnieren drohst: Woher nimmst du in solchen Momenten den
Impuls für dein Handeln, den Stimulus für

deinen nächsten Schritt. Wie bringst du Bewegung hinein. Woher holst du dir Denkanstöße. Berufst du dich auf die Sprache und ihren Fluss selbst, auf Affirmationen, Erinnerungen, dein bisheriges Gelingen.

?

Ersehnst du deinen inneren Frieden herbei. Bist du ein vernunftorientiertes Wesen. Suchst du Gelegenheiten, um mit Menschen im Miteinander zu sein. Schaffst du Räume gar selber, um es anderen zu ermöglichen das Gemeinsame, das Wir zu leben.

?

Hast du dir schon mal Gedanken darüber gemacht, dass das Leben ohne bestimmte Wörter ein ganz anderes Bewusstsein kreieren könnte. Und was, wenn gewisse Wörter weltweit für immer verschwinden würden, um nicht nur eine neue Form der Kommunikation zu erschaffen, aber auch, um das Leben in eine ganz neue Richtung voranzutreiben. Und wenn das möglich wäre als ein Unterfangen: Würde die Mehrheit der Menschen ausreichen, um die profunde Veränderung herbeizuführen. Könnten je alle überzeugt werden und das bisherig Geltende aufgeben, damit sich alles gesamthaft umpolen könnte.

?

Gibt es Überzeugung ohne Argumente. Welche menschlichen Errungenschaften kannst du spontan aufzählen. Welche davon siehst du kritisch. Welche befindest du für unersetzlich und groß. Welche Gesetzmäßigkeiten kommen dir in den Sinn. Was ist für dich gegebene Sache, was fragliches Konstrukt. Was wäre dir für ein Umdenken willkommen. Wie kannst du dir eine neue Gesellschaft und Kultur im Ideal vorstellen.

?

Meinst du es würde, wäre die Gravitation aufgehoben, alles anders zu und her gehen im Zwischenmenschlichen, könnten wir schweben. Oder könnten wir uns ohne Worte verständigen. Oder könnten wir Raum und Zeit aushebeln, die Grenzen zunächst verwischen, dann ganz unsichtbar machen. Machen dir solche Überlegungen Angst oder bereiten sie dir Freude.

?

Welche Freude ist die, die dich primär ausmacht. Kannst du ihr einen Charakter zuschreiben. Ist sie kindlich, naiv, diebisch, mitfreudig, weitest, verständlich, erstaunlich… Welches Attribut von Freude trifft auf jemanden zu, den du bewunderst, den du wertschätzt, dem du vielleicht unbewusst nacheiferst.

?

Was, wenn vieles tatsächlich bereits so ist wie in der Hypothese, die du vielleicht unter Märchen, unter Wunschdenken und Phantasie verbucht hast. Welche Gründe auch immer dich dazu bewogen haben Sachen so oder so zu verbuchen. Geschahen solcherlei aus mangelndem Interesse, aus tiefer Überzeugung, aus reiner Bequemlichkeit, aus Desinteresse an kritischer Selbstüberprüfung, aus einem Unwissen. Oder hast du Überzeugungen, die du hegst alle praktisch durchlaufen, und hast sie eigens geprüft.

?

Wie voll ist dein Notizbuch mit deinen möglichen Einträgen. Wie viele Seiten hältst du unbeschrieben. Ist dies bewusster Akt. Wem außer dir selbst erlaubtest du deine Tagebücher zu lesen.

?

Wie viel Dichte und Schwere empfindest du in deinem Leben, in einer Woche, an einem Tag, in einer Stunde. Wie viel Abgrenzendes ist zugegen: stets, oft, selten. Wie viel Platz ist da für das Andere, das Neue, das Unbekannte. Wie durchlässig bist du. Hast du zer-

brechliche Seiten an dir. Bist du für Experi-
mente geschaffen oder schaust du lieber aus
der Distanz anderen dabei zu, wenn sie
Dinge ausprobieren.

?

Stellst du Hypothesen in Frage.

?

Glaubst du an das Lineare, an die Zeitachse,
an die Zeit an und für sich.

?

Willst du das, was du glaubst glauben oder
meinst du es so handhaben zu müssen, weil
du meinst zu wissen wie du zu glauben hast,
was du darunter zu verstehen hast. Bist du
Initiator, Vermittler, Nachahmer. Fühlst du
dich verbunden mit deinen Ahnen. Wo in dir
bewahrst du deine Vorbilder. Wagst du den
Sprung in ein anderes Denken, in ein anderes Fühlen. Bist du da, wo du jetzt in diesem

Moment bist am richtigen, idealen, an dem
für dich perfekten Ort.

?

Welche Wörter bist du bereit zu streichen
für deine Übersicht und einen neuen Anlauf.

?

Hast du ein gutes Körperbewusstsein. Könntest du dich einem bestimmten Charakter
oder Typ zuordnen. Wie lange könntest du
über das Wie deines Wesens ohne Unter-
bruch sprechen. Wie bedeutungsvoll ist für
dich dein Name, dein Geschlecht, deine Her-
kunft, deine Ausbildung, deine Geschichte.
Mit welchen Einsichten, mit welchen Anek-
doten bist du bereit alles auszustatten und zu
garnieren. Welche Identität möchtest du ab-
legen. Mit was bist du vorsichtig, diskret
oder scheu. Was darf nicht unerwähnt blei-
ben. Was sollte gehört werden. Was ist intim
und deine Sache allein. Wie möchtest du
von anderen wahrgenommen werden.

?

Kannst du für wenige Augenblicke dem Unerwarteten stattgeben, für die Dauer einer so kurzen Zeit, und dass du sie zu Recht für eine Halluzination, eine Spinnerei oder für einen Tagtraum halten könntest und du daher finden könntest, dass, was im Augenblick auf einmal da ist, es lieber kleinzureden, abzutun und kleinzuhalten sich lohnt, anstatt es, im Gegenteil, aufzublasen, es sogar in die Welt hinauszuposaunen, ohne dieses kurz Erhaschte je beweisen zu können. Kannst du ein ganz anderes, magisches Denken und Fühlen wahrnehmen. Würde es dich aus deinem Konzept bringen, wenn Gleichgesinnte sich fänden und dieses Gefühl von dem zunächst vorbeiziehenden Moment sich durch diese gemeinsame Energie jedoch verstärkte und dieser Moment dann zeitlich sich dehnte. Was meinst du vergrößert sich durch das gemeinsame Teilen. Was muss gegeben sein, damit eine einzelne Einheit zeitlich nicht nur länger dauert, sondern das allzu Temporäre an Tiefe gewinnt, einen faszinierenden Sog bekommt, bis hin zu einer Ansteckungskraft, die sich entwickeln und dann auf andere übergehen kann. Was wird durch Steigerung verdeutlicht. Was wird durch das Gemeinschaftliche geschwächt.

?

Wie kannst du dich als Einzelner annähern an das, was grösser ist als du selbst. Wie kannst du vertrauen, dass dein Bemühen Spuren hinterlässt, selbst, wenn du ihnen nicht folgen kannst, weil sie sich in der Welt verlieren, weil sie sich letztendlich sogar verwässern müssen. Glaubst du, dass nach den Aufspaltungen und Rissen sich am Ende der Welt alles wieder erholt, sich in ein heilendes Größeres begibt, seine Balance sucht und findet. Wie definierst du den Schmetterlingseffekt. Wie stark oder wie schwach gewichtest du das Nebensächliche, das vielleicht etwas Verfrühte, das vermeintlich aus der Zeit Gefallene.

?

Wie definierst du Urheberschaft. Was bedeutet für dich die Initiative, nämlich bewusst einen Samen in die Welt zu streuen.
Was, wenn du den Wuchs nie sehen wirst.
Was, wenn daraus etwas anderes entsteht.

?

Worauf stützt du dich. Wo ist dein inneres
Zentrum, dein Kompass. Wohin hast du den
Blick ausgerichtet. Hallen die Stimmen derer in dir nach, mit denen du praktisch und
physisch in Verbindung stehst oder sind
jene, die du wahrnimmst, solche, die fern
sind, die physisch nicht da sind, nicht da je-
denfalls, wo du bist, so aber doch innigst mit
dem, was dich ausmacht, verknüpft sind.

?

Wann hast du dich zuletzt der Heilung hin-
gegeben. Wann die Kraft der Selbstheilung
gespürt.

?

Glaubst du daran, dass du mehr bist als du je
ausschöpfen wirst können. Bist du mehr als
die Summe deiner Einzelheiten. Lebst du
viele. Lebst du über deine eigentlichen Ka-
pazitäten hinaus. Verschenkst du dich. Gehst
du sparsam mit dir um. Wie stehst du zu deinem Potential. Wie aktiv, passiv, wie theoretisch oder praktisch handhabst du deine Ta-
lente; die ausgebildeten, die schlummern-
den, jene, die du noch nicht erprobt oder entdeckt hast.

?

Was, wenn die Tatsachen, die du für Tatsachen hältst Tatsachen sind im Bereich des
definierten Bereichs der Tatsachen. Aber im
Grunde außerhalb dieses Korsetts womöglich ganz andere Tatsachen sind. Bist du be-

reit, die Welt andersherum zu betrachten.
Was, wenn es auch jene Tatsachen gibt, die
noch ohne Definitionen sind und somit noch
keinen gemeinsamen Nenner haben, wenn
wir miteinander im Austausch sind darüber,
was ist, was noch nicht ist. Und sollte es sie
geben, diese ganz anderen Tatsachen: Bringen sie Gegengewicht in dein Bestehendes
oder bringen sie alles in Schieflage.

?

Wie gehst du um mit Ambivalenzen, Dilem-
mata, Polaritäten, Widersprüchen, Kontro-
versen, Paradoxien, Ambiguitäten und dergleichen. Was bedeutet Zwiespalt für dich.
Was ist für dich moralisch, ethisch, rein persönlich wichtig. Was müsste geschehen, damit du morgen die Welt ganz anders betrachten könntest. Welche Aspekte würden
durch die Umkehrung hervorgehoben. Welche Qualitäten spielten dann keine Rolle
mehr. Wäre eine unbarmherzige Drehung
für dich annehmbar und willkommen. Wäre
es ein Einfaches das Neue zu integrieren.

Würdest du das Radikale, wenn es richtig
scheint, einer minimalen Verschiebung, die
du womöglich leichter verarbeiten könntest,
vorziehen.

?

Was, wenn das, was du als Zumutung er-
lebst, lediglich Chancen sind, die darauf
warten von dir entdeckt zu werden. Was,
wenn eine Herausforderung nicht weniger
als zugleich etwas ist, das mit einer perfekt
auf diese Herausforderung abgestimmten
Palette an Lösungen einhergeht. Mit welchen Mitteln, könntest du dies für denkbar
oder für plausibel halten. Wie diese Sicht-
weise lebendig aufrecht halten in dir, ohne
sie ständig zu hinterfragen, ohne stets an sie
und auch ohne an jenen herausfordernden
Tag X zu denken, der aber mit dieser Idee
verbunden ist, auf den du dich rein hypothe-
tisch vorbereiten könntest. Kannst du, willst
du überhaupt mit einer gut verinnerlichten
Theorie, die erstmals als These im Raum
steht, leben, ohne sie praktisch einüben zu

können, um sie an dem Tag, wo sie in die
Praxis greifen könnte, wie ein Tier aus dem
Käfig zu entlassen. Sind solche Vorstellun-
gen für dich einengend, provokativ oder ein-
leuchtend. Besänftigen sie dein Gemüt. Sind
sie zu weit hergeholt. Führen sie zu weit.

?

Differenzierst du zwischen Vernetzung und
Netzwerk. Wie steht es um deine Vernet-
zungsfähigkeit. Was bedeutet das Eingebun-
densein für dich.

?

Magst du Theorien. Saugst du sie in dir auf
wie ein Schwamm, um sie in deinen
Theorie-Archiven zu wahren. Versuchst du
dem Theoretischen das Praktische abzuge-
winnen, es in dein Leben einzuarbeiten.

?

Wie bist du imstande deine ureigenen Erfahrungen Dritten zu erklären, wie das Subjektive, Verletzliche aus dir herauszuschälen ohne es zu verteidigen, ohne dich zu entschuldigen für das Diffuse und das nicht Nennbare, die in dir hausen und unter Umständen sonderbare Blüten treiben. Wie für dieses Subtile plädieren ohne es in die Wertigkeit zu geben.

?

Wie mehrst du wahres Wissen. Wie stellst du deinen Kompass auf Wahrheit ein.

?

Was tust du, wenn du nach einer bestens funktionierenden Erklärung auf einmal feststellst, dass du darob beginnst die Dinge in neuer Perspektive zu sehen, zu hinterfragen und du folglich alles wieder revidieren könntest, weil es der Wahrheiten auf einmal so viele gibt und Sachen bedacht werden könnten, die vorher nicht auf deinem Radar, die nicht Gegenstand deiner Gedanken waren, die sich im Zuge deines Exkurses jedoch ergeben haben.

?

Kennst du Ehrfurcht.

?

Durch welche Brille schaust du in die Welt hinaus und was oder unternimmst du etwas, wenn die blinden Flecke offenbar werden. Prüfst du deine Brille in regelmäßigen Abständen. Hast du bereits einen Entscheid gefällt durch welche Brille das Leben zu betrachten ist. Wurde dir eine solche Brille aufgesetzt. Wie gehst du um mit dem Wechsel von Weit- und Nahsicht. Möchtest du gelegentlich das Bild korrigieren und optimieren. Oder ist eine gewisse Unschärfe dir sogar Antrieb, um selber auszutesten, was die Welt an Makro- oder Mikrokosmen an Möglichkeiten bereithält. Wann schulst du den peripheren Blick. Schaust du wie der kleine

Prinz mit dem Herzen. Hat sich dein Blick
und das Aussichthalten auf etwas Inneres
verlegt, das ohne die Attribute von nah und
fern auskommt.

?

Sind deine intuitiven Fähigkeiten oft im Gebrauch oder vorwiegend bei ganz bestimmten Entscheidungen. Nährst du insbesondere
deinen mentalen Geist. Bist du ausgeglichen.
Machst du keine solchen Unterscheidungen.
Bist du im Fluss.

?

Bist du bis zu deiner Essenz je vorgedrun-
gen. Sagst du etwas auf deine Weise, was
aber das Gleiche meint wie andere, die es
eben anders sagen und noch anders fühlen.
Schweigst du anlässlich von Übereinstimmungen oder sind sie dir eines Austausches,
einer besonderen Betonung wert, um darob
lustvoll die umso kleineren Unterschiede mit
der Lupe zu suchen, sie gar zu feiern.

?

Fühlst du dich in den Kreislauf eingebunden.
Möchtest du jemand anders sein als der, der
du bist. Würdest du in ein anderes Lebens-
modell gut hineinpassen.

?

Wie oder brichst du mit Erwartungen, die
dich aufsuchen. Wie stellst du deinen Fuß
blind auf einen unbekannten Weg. Vertraust
du darauf, dass der Abgrund fernbleibt. Wie
gehst du auf angesichts von Unwissen. Wie
befreist du dich von Angst. Wie pflegst du
jene Neugier aus deinen Kindertagen. Wie
trägst du sie hinüber bis zum allerletzten
Tag. Wie ausgeprägt ist deine Wissbegierde.

?

Auf was verlässt du dich. Auf was zählst du
und welche Bezugspunkte findest du, die
deine Urteilskraft schärfen, nicht trügen, die

dein Herz weiten, nicht verschließen. Wie
kannst du das Magische, Mystische, Trans-
zendente in dein Alltagsleben einbauen und
in die Sprache flechten, die auf deiner Zunge
liegt. Wie sehr möchtest du das gerade nicht.
Warum ist das so.

?

Was, wenn mögliche Gespräche deswegen
stagnieren oder nicht prosperieren können
wie es möglich wäre, weil du mit dem nicht
adäquaten Werkzeug hantierst, weil du
durch die Sprache dich selbst eingrenzt und
den unumgänglichen Konsens lebst, weil du
wahrscheinlich Rot für Rot und obendrein
für dein Rot hältst. Was, wenn die Anregung
dies überhaupt zu untersuchen ausbleibt, da
das hier passende Gesprächsgegenüber fehlt.
Was, wenn es Werkzeuge für dich gibt, die
passender sind als die, die du im Gebrauch
hast oder als die, die dir dargereicht werden.
Was, wenn aber erst gar nicht zur Debatte
steht, was dir gefällt, wie etwas konnotiert
ist, sondern, dass es überhaupt um die Frage

der Farbe an und für sich geht. Was, wenn es
überhaupt gelegentlich um Dinge geht, die
über das hinausgehen, was ein Gespräch, der
Austausch, die Sprache und die gängigen
Werkzeuge hergeben können.

?

Woher weißt du, wen du einladen möchtest
an deinem Leben teilzuhaben und wie wägst
du dabei ab in welcher Offenheit, Intimität
dies geschehen soll. Welche Wege haben
dazu geführt, dass du selbst Teil der Vita eines anderen wurdest. Wie behauptest du
dich ohne abgeklärt zu sein. Wie bist du imstande, dich zu verlieren in deiner Entfaltung, in deiner Entfesselung. Wie bleibst du
in der Atmosphäre von Nähe, im Raum des
für dein Gegenüber Greifbaren.

?

Welche Voraussetzungen, Methoden, welche Einstellung, welche Mittel benötigst du,
um die Wahrheit in der Wahrheit zu finden.

Welche Hilfsmittel brauchst du, um die Geschichte hinter der Geschichte zu enthüllen. Über welche Brücken gehst du, um die Zusammenhänge aufzuspüren. Wie übersiehst du dabei das Verborgene nicht.

?

Wo ist für dich die Wirklichkeit am wirklichsten. Wo, wann, wie bist du dir am nächsten.

?

Wie kannst du sowohl Lehrer als auch Schüler sein, wie Interpret und Komponist zugleich. Wie möchtest du auftreten, wie wahrgenommen werden, wie für dich eintreten und dich gleichsam zurückhalten in Bescheidenheit und Demut, wenn es darum geht einem anderen Vorrang zu geben, der dir vielleicht einen Schritt voraus ist oder für den dieser Auftritt wichtiger ist als für dich.

?

Wie übst du das Leben. Wie klopfst du die
sensiblen Stellen ab. Wie studierst du dein
großes Oeuvre oder all die kleinen Szenen
ein, die dir mal hingeworfen werden, die du
mal selber ausbrütest, die dir scheinbar
wahllos, vielleicht aber doch präzise und ge-
plant zufallen oder die dir wie Geschenke
offeriert werden, damit du sie aus- und
anpacken darfst.

?

Wie begegnest du Meistern. Wie trennst du
den Meister von seiner Meisterschaft, den
Menschen vom Meister und ob überhaupt.

?

Wie lässt du Zeit-Räume entstehen. Wie
weitest du sie und wie öffnest du sie für andere. Welche Räume sind dir die liebsten:
Arbeitsräume, Illusionsräume, Experimen-
tierräume, Spielräume, Reflexionsräume.
Solche Räume, die die Wandlung zulassen

und Neues entstehen lassen. Oder Räume
der Stille. Räume der Harmonie. Räume der
Leere. Räume ohne Wände und ohne Grenzen.

?

Was, wenn du dir begegnen könntest in der
Offenheit, die dir sagt: *Du bist gut wie du
bist. Daher gibt es nichts daran zu ändern.
Du darfst sein. Ich sehe dich. Ich sehe, was
dir vielleicht verborgen ist.* Was löst das in
dir aus, wenn du das just so zu jemanden
sagst oder jemand anderer so an dich heran-
tritt und dir mitteilt: *Du bist mehr als du sehen kannst.* Würdest du zustimmen, wenn
diese Person vorschlägt: *Ich kann versuchen
dir zu helfen zu erkennen, was ich in dir
sehe.* Wie würdest du eine solche Unterstützung annehmen. Würdest du sie würdigen
und akzeptieren. Und könntest du dies tun,
ohne dabei an Dank und an eine Gegenver-
pflichtung zu denken.

?

Wie lässt du dein inneres Licht leuchten.
Wie bringst du es in die Welt. Bist du bereit
für dein eigenes Strahlen.

?

Woher bringst du den Mut auf, dich stets
aufs Neue einzulassen. Woher jene Resili-
enz, woher der Ansporn das Frische im Al-
ten zu sehen. Woher die Vision zu erkennen,
was wirklich ist und was sein kann.

?

Wenn du dich herumsiehst: Was empfindest
du als beständig, was als Entwicklung, was
als Fortschritt. Wo erfasst du den puren
Stillstand. Wo geht es aus deiner Sicht rück-
wärts zu und her. Was unternimmst du,
wenn du bei näherer Betrachtung Dummes,
Nicht-Durchdachtes, Stockendes, Enttäu-
schendes oder gar Erbärmliches vorfindest.
Hast du Mittel für Entlarvungen parat.
Machst du Schuldzuweisungen. Findest du

Parabeln, um deine Erkenntnisse besser zu
veranschaulichen. Registrierst du leicht Ge-
wohnheiten, Trugschlüsse, Mechanismen,
Muster, Modelle, Techniken, Thesen. Erkennst du schnell, was Wahrheit, was Un-
wahrheit ist.

?

Sind dir Geschichten mit moralischen Aus-
gängen lieber als die mit einem runden
Happy End. Sind ethisch aufgeladene Plots
anstrengend für dich oder bringen sie dich
auf Kurs des Klaren, Gezielten. Zehren Kon-
flikte an dir. Lässt du sie an dir abperlen wie
auf einer Lotushaut. Hältst du den einen gemeinsamen Nenner im Fokus. Bist du in der
Lage Dinge aufs Wesentliche herunterzubre-
chen auf das, was am Ende wichtig ist, auf
das, was zählt. Verschafft dir das Ordnen,
das Einsortieren in dir selbst Ordnung.

?

Was brauchst du, um frei atmen zu können.
Wie gehst du um mit Geheimnissen. Be-
schäftigen dich Rätsel, das Enigmatische,
das Unbegreifliche und Unergründliche.

?

Nimmst du dir für deine Gedankengänge
und Reflexionen gerne Statistiken zu Hilfe.
Holst du dir Zweit- und Drittmeinungen.
Studierst du Erfahrungsberichte, Auswertun-
gen, Schnittmengen und Variablen, die du
zunächst alle sammelst, bevor du etwas
kundtust, bevor du etwas zu internalisieren
bereit bist.

?

Summierst du deine Schlüsselmomente, sub-
trahierst du deine Fehlschläge, wenn du
Zwischenbilanzen ziehst. Integrierst du alles, was da ist, weil dein Apparatus alles be-
nötigt, unabhängig vom sogenannten Erfolg
oder von einem Misslingen. Wo schaust du
genauer hin. Was schüttelst du locker ab,

was kehrst du unter den Teppich, was spülst
du weg. Weißt du um jene Stellen, die dein
Maschinenwerk zum Laufen bringen und um
jene, die alles harzen und stocken lassen.

?

Was gelingt dir ohne Anstrengung. Was ist
dir gegeben. Was musstest du mühsam erler-
nen. Was durftest du lernen. Wie lernst du.

?

Was befriedigt dich kurzfristig, was beflü-
gelt dich auf lange Zeit. Was bedeutet Aus-
gewogenheit für dich. Denkst du öfters ans
Wohl der anderen oder mehr an dein eigenes
Wohlbefinden. Womit gleichst du für dich
aus, was ungleich, unfair, unausgewogen ist.

?

Welches ist die Karte, die du ziehst, wenn es
darum geht dein Recht zu verteidigen. Welches ist deine Trumpf-Karte. Hast du einen

Joker für einen Notfall, für das Unvorherge-
sehene bereit.

?

Wo ist deine Ur-Zufriedenheit zuhause. Wo
bist du jener Mensch im allermenschlichsten
Sinne. Wann zeigst du dich verwundbar.

?

Welche Instrumente würdest du jemanden
geben, der die Freiheit und die Selbstbestim-
mung sucht. Wie würdest du diese Person
einweihen in deine eigenen Erkenntnisse.
Wie deine Erfahrungen zum Bestandteil deines Vermittelns machen.

?

Wenn es das Größere, das Mehr, das Dar-
über-Hinaus gibt, welches uns alle verbindet
und eint und über die äußeren und inneren
Grenzen jedes Einzelnen sich hinwegsetzt:

Wie benennst du es und wie sehr prägt dich
dies.

?

Was weißt du über dich wirklich. Wie gut
kennst du dich bereits. Wo bist du dir selbst
ein Rätsel. Angenommen, es gibt dich noch
weitere Male. Und angenommen, du triffst
deine andere Variante, dein erweitertes, ver-
trautes Spiegelbild spiegelverkehrt. Was
würde das mit dir machen.

?

Wo befruchtest du dich, wo andere. Welche
Beziehungsformen und Verhältnisse hast du.
Welche nimmst du als gegeben, für welche
bist du besonders dankbar. Welche sind in-
stabil, welche sind gefestigt, welche sind ab-
gebrochen. Wer sind deine Freunde, deine
Bekannten. Wer ist deine Familie. Hast du
Platz in deinem Leben für Menschen, die
ganz anders sind als du und die sich unter-

scheiden von denen, die du schon in deinem
Umfeld hast.

?

Was engt dich ein, wenn du unter Menschen
bist. Wie ist es, wenn du als einer von ihnen
dich fühlst. Verschwindest du gerne in der
Menge. Suchst du einen Aussichtsturm, eine
Mauer zum Anlehnen, ein Schlüsselloch,
woher du andere beobachten kannst oder
mischst du dich unter sie. Was erkennst du
auf Anhieb. Was verachtest du von Weitem.
Wo fühlst du dich über die Distanz hinweg
verbunden.

?

Kennst du das Gefühl von Hass. Hast du
Trauer erlebt. Würdest du sagen, dass das
Schicksal dein Leben bereits gestreift hat.
Vermutest du oder hast du ein Trauma oder
sogar in der Mehrzahl. Wann fühlst du
Wonne, Behagen, inneres Glück.

?

Was macht dich glücklich.

?

Was, wenn alles ineinander verwoben ist, sich über das rein Parallele, Vergleichbare, Ablösende erhebt. Wen würdest du sehen oder wiedersehen wollen, wenn man sich treffen könnte in anderen Sphären, in einem Traum, auf einer inneren Reise, auf einer solchen, die du nicht physisch machen könntest. Einer, die du eben anders erlebtest.

?

Aus was meinst du zu bestehen. Materie. Energie. Teilchen. Partikel. Wellen. Schwingung. Licht. Sternenstaub. Einer Mischung Organismus, einem Kosmos, etwas anderem, nichts davon. Aber wie es auch sei oder nicht sei und unabhängig von einer Definition: Was glaubst du. Bist du aus dem beschaffen, was innerlich in dir ist. Aus dem,

woher du kommst. Aus dem, was du machst
und wie du auf die Welt reagierst. Bist du
das, was äußerlich sich darstellt. Bestehst du
aus den Verhältnissen von innen und außen,
aus den Wechselwirkungen, die wandernd
von Bezugspunkt zu Bezugspunkt sind,
während du dein Netz spinnst, in dem du
dich verlierst, in dem du dich schützt und
dich birgst. Welchen Einstellungen, welchem Einfluss Dritter, Vierter gewährst du
Einlass in dein Selbst, wenn du nach der
Wahrheit trachtest. Unter welchem eigenen
Einfluss stehst du und was strömt ständig
auf dich ein.

?

Stellst du nicht nur Fragen, sondern dich
selbst den Fragen und den Zweifeln. Wie
viel Selbstlob und Staunen lässt du ungehin-
dert zu und in dein Leben hinein. Lässt du
die Hüllen der Identifikation manchmal fal-
len. Was bedeutet für dich über den Teller-
rand hinauszuschauen. Was sind für dich die

geeigneten Umstände, um eine Entwicklung
in Gang zu bringen.

?

Welches Bild zeichnetest du dereinst von
deiner Vita. Welche Farben, welche Symbole verwendetest du. Welche anderen
Hilfsmittel fernab von Stift und Papier
müsstest du anwenden, um auf ein zweidimensionales Blatt einzeichnen zu können,
was niemals in diese Zweidimensionalität
passt. Wie würdest du die Auswirkungen
deiner Handlungen, deine ehrlich gemeinten
und ausgesprochenen Worte aufs Blatt oder
ein anderes Medium mit einbeziehen. Wie
würdest du nicht vergessen auch das abzubilden, was du bloß erahnst, was noch nicht
gewesen ist.

?

Wo verzeichnest du die Trennlinie zwischen
Ahnung und Annahme. Was lebst du mehr:
die Befürchtung oder die Erwartung. Ist in

deiner möglichen Vorsicht Angst enthalten.
Wo siehst du das Verbindungsstück zwischen Zuversicht und Hoffnung. Ist Zuversicht außerdem das, was Hoffnung in dir erschafft oder ist die Hoffnung da, in die du deine Zuversicht bettest. Wo keimen deine Leichtigkeit und Losgelassenheit. Auf welchem Boden wachsen deine Sorgen und Zweifel. Was möchtest du für dein Umfeld tun, was für dich selbst in deinem Leben noch erreichen. Wie handhabst du die Pflege deiner Vorhaben und Wünsche überhaupt. Wie hältst du den Nährboden luftig und stoffreich, damit es auf deinem eigenen Humusboden gedeiht, sprießt und blüht.

?

Was bringt dich dem Reinen und Puren näher. Mit was verbindest du dich, wohin wirfst du deine Angel. Mit wem verschwisterst, verbrüderst du dich. Vor was hast du Achtung. Was gehst du ohne Wenn und Aber an. Wofür stehst du ein.

?

Was bedeutet für dich Erinnerung.

?

Wie steuerst du auf Vorhaben zu. Wie
bringst du dich selbst in Gang ohne Effort
und doch mit Hingabe. Wie pragmatisch
gehst du deinen Weg. Wie viel Leidenschaft
ist darin. Wie viel Leistung und Druck. Was
gibt dir Fokus. Wie sind die Anteile von
Pflicht und Kür in deinen Bestrebungen verteilt.

?

Wie empfindest du es anzunehmen, dass du
nicht dein Körper bist, sondern einen Körper
hast und ebenso eine Seele bist und nicht
eine hast, wenn du also Bewusstsein bist –
wie viel von dieser Idee verschaffst du in
deinem Leben einen gelebten Raum, indem
du dort bist, dich eben dort aufhältst.

?

Wie ziehst du die Grenzen zwischen Überleben und Leben. Zwischen Funktionieren und Ergebenheit, zwischen Reagieren und Kreieren, zwischen Haben und Sein.

?

Welches der Modalverben trifft am ehesten auf dich zu: dürfen, können, mögen, müssen, sollen und wollen.

?

Was nährt dich im Mentalen, was im Emotionalen, was in deinem Seelischen. Widmest du dich dem, was dich am besten sättigt, insofern, als du dich dort entwickelst, mehr bist morgen als noch heute, wahrhaftiger und authentischer übermorgen als vorgestern.

?

Fühlst du dich abgekoppelt von den anderen.
Oder gar abgekoppelt von deinem wahren
Selbst.

?

Lässt du dich auf Sinnesreize, auf Verfüh-
rungen ein. Wie vereinbarst du das vermeintlich Unvernünftige mit dem Durch-
dachten, dem Ausgereiften. Tobst du dich
aus wie ein Kind sich auszutoben vermag.
Wie hältst du dich im Zaum mit Güte. Wo
lässt du Weisheit gewähren. Wann bist du
kreativer Schöpfer. Wann fühlst du deine
wahre Größe.

?

Möchtest du möglichst viele Erfahrungen
machen oder solche mit möglichst wenigen
Narben. Oder strebst du nur wenige an, dafür die für dich richtigen oder solche, die
dich in deiner Entwicklung fördern. Findest
du, dass deine Zeit ein Opfer ist, von dem du
wie aus einem Kontigent nimmst. Oder ist es

ein unerschöpfliches Gefäß, das stets von
Neuem auf- und ausgefüllt werden darf.

?

Hast du manchmal zu viel Zeit, vorrätige
Zeit, Leer-Zeit. Kennst du Langeweile,
Müßiggang. Hast du Zeit zu verschenken an
die, die zu wenig davon haben. Wie teilst du
Zeit. Wie teilst du deine Zeit ein. Ist Zeit
gleichbedeutend für dich mit Lebenszeit.

?

Wertschätzt du es, wenn du von und aus dir
herausgibst und großzügig bist. Welches Gefühl erfüllt dich, wenn du gibst. Hast du Demut vor dem Dienst der anderen, die für dich
da sind. Was tust du unentgeltlich, wo stellst
du dich in die Dienste anderer. Und wenn
unentgeltlich nicht das Monetäre meint: Was
bekommst du stattdessen zurück. Ist deine
Erwartung diesbezüglich minimal, groß oder
gänzlich nicht gegeben.

?

Findest du, dass die Erfahrung stets eine Erfahrung im existenziellen Sinne ist. Die also da ist, weil sie gemacht werden muss. Und weil jede für sich etwas so Einzigartiges darstellt, so wie wir selbst einzigartig sind, und sie dennoch stets auch eine universelle Erfahrung ist, die in etwas mündet, das eine Art Strang aller Erfahrungen ist.

?

Was, wenn vielleicht auf diese Sekunde genau, jemand anders am anderen Ende der Welt denkt und fühlt wie du und es genauso handhabt im Leben wie du, aus denselben Überlegungen und Motivationen heraus agiert und somit ganz ähnliche Schlüsse aus seinen Erlebnissen zieht wie du.

?

Kommst du im Austausch mit Geschichten anderer zu selben Ergebnissen wie ohne sol-

che Spiegelungen. Glaubst du daran, dass du
blind werden könntest, wenn du immer auf
einem blinden Fleck stündest. Wo verortest
du dich.

?

Was, wenn deine Suche darin besteht nicht
zu suchen, auch nicht zu finden, sondern anzunehmen, was auf dem Weg dir begegnet.
Hast du Alternativen, einen Plan B. Bleibst
du beharrlich, um dein Ziel zu erreichen.
Findest du, dass mit den Mitteln, die dir gegeben sind, du perfekt und optimal ausge-
stattet bist und zwar bereits aus dem Grunde,
weil du die Wahl hast, dich ihrer überhaupt
annehmen zu können. Bist du zufrieden und
genügsam, weil es allemal ausreichend ist.
Ziehst du den langsamen, langen Spa-
ziergang dem verhältnismäßig kurzen Sprint
vor.

?

Wie gelingt dir die Selbstanalyse ohne
Selbstzerfleischung. Wie ehrst du die zerfa-
sernde Komplexität. Wie gestaltest du sie in
einer verständlichen, einfachen Form, vielleicht gar einer geraden Linie, die nachvoll-
ziehbar ist, so wie etwas, das von A bis Z
überzeugt.

?

Gehst du manchmal, oft, kaum in die Intro-
spektion. Sprichst du mit dir selbst. Bist du
dein liebster Freund. Könntest du, würdest
du dir von außen begegnen, dich in dich ver-
lieben.

?

Kennst du die Zäsur. Hast du Kapitel in deinem Leben zugeschlagen oder zuschlagen
müssen oder neue Kapitel aufgeschlagen.
Hast du Sachen ad acta gelegt. Hast du bewusst neue Phasen eingeläutet. Hast du
deine Lebensabschnitte unter eine Ära verbucht.

?

Wie oder lernst du von der Natur. Dekodierst du, übersetzt du das Gegebene in etwas anderes. Wie sind die Wege, bis dein Ausdruck sich hat manifestieren und behaupten können. Was ist vonnöten, um es noch bis zum Aha-Effekt zu bringen, der dich ehrfürchtig in die demutsvollen Knie bringen könnte.

?

Wie gehst du um mit Ungeduld und damit zu wollen, zu erstreben, zu verlangen, möglicherweise zu schnell, zu viel zu wollen und zu viel aufs Mal dir aufzuhalsen, um danach Monate oder Jahre zu brauchen, um alle Bestandteile und Verknüpfungen, um alle Folgen und Hergänge tatsächlich zu begreifen und einzuordnen. Wie findest du dein eigentliches Thema, deinen eigenen Rhythmus, deine für dich verdaubare Menge Stoff, sodass es just gerade ausgewogen, stimmig

ist, um stetig einen Schritt voranzukommen
und das möglichst ohne Ermüdung. Wie gelingt es dir die großen Sprünge zu vermeiden, die dereinst Hüftprobleme mit sich
bringen könnten. Wie vermeidest du zu wa-
ten durch modriges Brackwasser, das dereinst Rheuma-Leiden hervorrufen könnte.
Wie also die Anspannung und Entspannung
nivellieren.

?

Hast du Gleichgesinnte, die dich anspornen,
die dich nicht überholen oder gerade
dadurch dich motivieren. Bist du umgeben
von den Großzügigen, von den Wohlgesinn-
ten, von denen, die gerecht, sanftmütig und
redlich sind, von solchen, die fürsorglich, dir
zugeneigt sind und die dich beschützen.
Pflegst du Umgang mit denen, die nicht deinen Weg für sich selbst in Anspruch nehmen, oder sobald sich etwas Gutes für sie
selbst abzeichnet, sie dir Steine in den Weg
legen, dir die Augen verblenden.

?

Sind welche da, die dir den Weg bereiten
und freihalten. Solche, die auf dich warten
oder dich tragen, wenn es steinig wird. Wie
erkennst du die falschen Absichten. Wie ent-
larvst du Schmarotzer, die sich als Wölfe im
Schafspelz erweisen. Wie kannst du dich
rechtzeitig lossagen von jenen, bevor sie dir
Schaden zufügen könnten. Wie dies alles sehen, solange alles harmonisch und im Lot
ist.

?

Wie dein Tun und dein Sein ineinander ver-
schmelzen. Wie eine Aktion in den Seinszustand hinüberführen. Der Seinszustand, der
dich sachte in eine neue Bewegung führt.
Wie aber hältst du ihn aufrecht, und wie ist
er zu benennen, wenn der Schmelzpunkt da
ist, wenn du angekommen zu sein glaubst.

?

Wie hältst du die Radare offen für das Unbekannte, das Ferne. Wie bist du eingebunden in funktionierende Systeme, in Synergien und gesunde Symbiosen. Wie hältst du dich innerlich fit. Bedeutet fit zu sein für dich wach zu sein, klar zu sein oder offen zu sein für das, was kommen mag. Wie filterst du die störenden Töne aus, wenn du deine Radare auf Empfang hältst.

?

Empfindest du dich als Wesen mit Sensoren, das Fühler ausstreckt. Oder als jemand mit Radaren, der empfängt und annimmt und aufnimmt, was um dich ist. Siehst du dich in der Metapher eines Akteurs, der sein Lebensspiel spielt. Oder bist du der Regisseur, der versucht die Geschichte zu erzählen. Sitzt du lieber abwechselnd auf den Zuschauer-Sesseln, dann auf der Bühne, mäanderst du zwischen den Buchseiten deines Dramas.

?

Was hältst du von Astralreisen, von Karma,
von der Wiedergeburt. Was zu erleben bist
du bereit.

?

Auf was bist du geeicht. Wie funktionierst
du ideal. Was strebst du an; kurzfristig, mit-
tel- und langfristig. Hast du Bestrebungen
überhaupt. Was versuchst du zu vermeiden.

?

Wo findest du Licht, woher kommt die
Richtung, aus der du nahst. Wie bindest du
dich an andere, wie löst du dich von ihnen
ab.

?

Was hilft dir die Warum-Fragen gewissen-
haft zu klären. Wann ist es besser, sie erst
gar nicht zu stellen.

?

Wie schaffst du es, eine würdevolle Routine
zu leben. Wie aufgeräumt ist dein Leben.
Wie bringst du Ruhe und Zuwendung in deinen Alltag. Wo zelebrierst du, gestaltest du
ein Ritual. Wie geht eine weihevolle Feier in
dich über. Was unternimmst du, um den
Sinn hervorzuheben und den Unsinn aufzu-
decken. Wie unterscheidest du den eigentlichen von einem Phantom-Schmerz. Wie erkennst du deine Bedürfnisse und wie heben
sie sich von den gesellschaftlichen Vorstel-
lungen ab. Wo bist du mit ihnen konform.

?

Wie minimierst du dein Leid.

?

Wohin tendierst du zu gehen in deinem Leben. Welche Hauptrichtung zeichnet sich
vielleicht bereits ab. Was bedeuten Herzens-

angelegenheiten für dich. Welcher Film läuft
häufig in deinem Hinterkopf.

?

Haben deine Ziele eine Höhe, eine Qualität,
eine Intensität und Intention. Sind sie in eine
zeitliche Spanne gelegt. Sind sie Elemente
von anderen Zielen. Hast du aberwitzige
oder bescheidene Ideen. Hegst du Visionen
oder Illusionen. Machst du dir Gedanken
darüber wie es dereinst sein könnte, wenn
sich das erfüllt, wovon du träumst. Machst
du dir Gedanken, was danach ist. Wie hältst
du deine Absichten auf Trab. Welche Umstände sollten idealerweise gegeben sein, um
dich für eine neue Perspektive zu öffnen.

?

Beschäftigst du dich mit Sinnfragen.

?

Greifst du nach dem, was unmittelbar ist.
Spürst du das kleine Glück im Jetzt. Fühlst
du nach, wenn es da war. Lässt du Dinge
Revue passieren. Sprichst du lieber davon,
wenn es dir gut oder nicht so gut geht. Aus
was schöpfst du deine Kraft für den nächsten
kleinen Schritt. Woraus erbaut sich deine
Kraft für den großen, unerschrockenen.

?

Betrachtest du dein Leben in Jahren, in
Geld, Ansehen, Meilensteinen, Erfahrungen,
in Erfolgen und dergleichen. Blickst du auf
sogenannte „Tempi passati" zurück. Lässt
du Wehmut, Sentimentalität, Melancholie
und Verstimmtheit zu. Wann vergleichst du
dich. Wann ist dir solcherlei zuwider. Lässt
du dich gehen. Bist du streng mit dir selbst.
Was stimmt dich milde, versöhnlich. Misst
du mit derselben Kelle, wenn du dich neben
andere stellst. Biegst du dir manchmal die
Dinge zurecht. Probierst du Verschiedenes
aus. Bleibst du deiner Sache treu. Lässt du
den Dingen ihren natürlichen Lauf.

?

Wann ziehst du Mauern hoch. Wo baust du Barrieren ab. Welche Chancen hast du in deinem Leben bekommen, welche nicht ergreifen können.

?

Wie nimmst du Zeit wahr. Lebst du unterschiedliche Zeiten. Hast du vielerlei Zugänge zum Thema Zeit. Wie zentral ist der Begriff Zeit in deinem Leben. Findest du, dass du keine Zeit zu verlieren hast. Ist Zeit dein Freund. Hältst du das Thema Zeit für abstrakt.

?

Nimmst du gelassen hin und vertraust du darauf, dass, was kommt, es am Ende stets gut kommt. Denkst du darüber nach, was noch alles in deinem Leben passieren könnte.

?

Kannst du selbstvergessen sein. Hast du vor
dich selbst zu finden. Wo hast du dich bereits gefunden. Welcher Weg führt zu dir
selbst.

?

Wo meinst du sind deine Antworten zu suchen. Denkst du, dass sie sich von selbst finden, wenn du sie nur zulässt. Bleibst du dran
am sogenannten Ball. Gibst du ihn aus der
Hand. Ist das Leben für dich eher Spiel,
Spaß, Arbeit oder etwas ganz anderes. Ist ein
philosophischer Blick aufs Leben eine kleine
Spielerei, eine Notwendigkeit, eine Verzer-
rung, Verwirrungs- oder ein (Ver)Klärungs-
spaß.

?

Was passiert, wenn du bewusst ein- und aus-
atmest.

?

Reicherst du gerne das Gegebene mit Geschichten an. Woraus bestehen die Ingredienzen, wenn du eine Geschichte erzählst: Sind Pathos, Humor, Moral, Fakten, Erkenntnisse, Geheimnisse oder Anderes Bestandteile deiner Erzählungen. Was erzählst du anderen, was dir. Bist du ein guter Zuhörer. Woher nimmst du einen Schlüssel, um zu finden, was noch verschlüsselt ist.

?

Empfindest du dich als Entdecker. Bist du gut darin Formeln, Gesetzmäßigkeiten aufzuspüren, Muster zu erkennen, Systeme, Strukturen, Prinzipien, Kontraste und dergleichen auszumachen. Ist dir das Improvisierte sympathisch.

?

Wann, unter welchen Umständen bist du liebevoll, aufrichtig, hilfsbereit.

?

Woher weißt du, wann du einer Sache besser
präzise nachgehen darfst. Kannst du das Un-
gefähre stehen lassen. Bist du empfänglich
für das differenzierte Resultat. Wie ist es für
dich, wenn sich Dinge wie in Luft auflösen,
wenn sich etwas einfacher als gedacht ent-
puppt. Schlägt dein Herz höher und mit Le-
benslust, wenn eine kleine Aufregung in der
Luft liegt.

?

Wie findest du heraus, wofür dein Herz
schlägt in dem Masse und in dem Takt, wo
es dich erquickt und Lebensfunken versprüht
und dich über dich hinaus strahlen lässt. Wie
machst du dich in dieser Welt breit und
groß, ohne anderen ihren Platz wegzuneh-
men. Wie respektierst und würdigst du die
gegangen Spuren derer, die den Weg vor dir
gegangen sind.

?

Auf welche verlässliche Konstante möchtest du nicht verzichten.

?

Was bedeutet für dich Ästhetik. Strebst du nach der Schönheit. Bewunderst du, ehrst du sie. Wie beeinflussbar bist du in ästhetischen Fragen.

?

Wie authentisch erlaubst du dir zu sein. Wie einzigartig fühlst du dich wirklich.

?

Wie hältst du dich zurück vor eigenen Predigten, wenn du deinen Funken Wahrheit als Anregung, Erkenntnis, Hinweis in die Welt hinaustragen möchtest. Auf welche Weise schaffst du es dich bemerkbar zu machen,

dich anderen zu zeigen. Wann hältst du dich
zurück mit Ratschlägen.

?

Geht dein Tun mit Reden, mit Ankündigung,
mit Beschreibungen, Erklärungen einher.
Schaffst du in der Stille ohne Worte. Wie
viele Selbstreflexionen darüber wie etwas
war, wie etwas hätte sein können, gestattest
du dir zu haben.

?

Gibst du dein Bestes. Wann. Wie.

?

Wo bist du bescheiden. Wann erfasst dich
das Gefühl von Größenwahn oder ob. Wann
hast du das letzte Mal eine Lehre aus einer
Erfahrung gezogen. Welche sind deine einzelnen Beiträge für deine Umwelt.

?

Wie gehst du mit der Liebe um. Wie lebst du
Nächstenliebe. Wie die Selbstliebe. Wie
hältst du die Liebe aufrecht angesichts
schwerer Zeiten. Wann verlierst du dich in
der Liebe. Wann bist du von ihr ganz und
gar durchdrungen. Welche Formen der
Liebe kennst du. Welche lebst du.

?

Was ist Liebe für dich ganz persönlich.
Meinst du, dass du aus Liebe bestehst.
Meinst du, dass du Liebe kreierst. Wo suchst
du Liebe. Wo hast du sie bereits gefunden.
Kennst du das Gefühl der bedingungslosen
Liebe, einer Liebe, die ohne nichts auskommt. Bist du sicher, dass du sie nicht
doch an Bedingungen knüpfst, an Investitio-
nen, Versprechungen und Erwartungen, dass
du sie unbewusst behaftest mit Bewertun-
gen. Was, wenn die Liebe etwas ganz anderes ist als das, wie du sie definierst.

?

Wie viel Liebe ist zugegen, wenn du empathisch bist. Verstehst du die Liebe eher als Kitt zwischen den Menschen, ihren Handlungen, ihren Beziehungen. Wie fühlt sich Liebe für dich an. Ist Liebe für dich Elixier, Energie. Ist sie gegebene Sache oder Intention. Ist sie das, was ist. Das, was dich ausmacht, dich vorantreibt und allem Sinn gibt. Ist viel Liebe in dir. Wie hat sie sich in dir gemehrt, wie hat sie sich geschwächt. Und ob. Könnte die Liebe je ausgelöscht werden und verschwinden. Aus dir, aus der Welt. Wenn wir angenommen die Liebe sind und sie stets weitertragen und leben, sie in unseren Ausdruck nehmen in Kunst, in unser Handeln, in unser Haben und Sein: Vervielfacht sich die Liebe dadurch, verteilt sie sich, formt sie sich lediglich um, so wie Wasser verdampft und irgendwann als Regen ins Meer fällt. Denkst du über die Liebe nach.

?

Wie kannst du dich vorbereiten auf mystische Erfahrungen. Anders gefragt: Wie bereit bist du überhaupt dir das Mystische zu
erschließen.

?

Wie gehst du mit Krisen um, die dich er-
schüttern, die dir den Boden unter den Fü-
ßen ziehen, die womöglich das Potential haben dich profund zu verändern. Wonach
greifst du, wenn du in eine Sackgasse ge-
rätst. Woher nimmst du die Hoffnung, wenn
die Wolken dunkel verhangen sind oder
wenn dir wenig gelingt. Wie hältst du durch,
wenn sich alles fahl, unehrlich anfühlt, wenn
sich alles dagegen sträubt etwas zu unter-
nehmen, wenn Menschen sich abwenden.
Woher den Trotz, die Überwindung, den
Elan hernehmen.

?

Aus welcher Kraft sprichst du das Wort
Danke aus.

?

Ist Humor dein treuer oder gelegentlicher
Begleiter. Welche Form von Humor ist dir
die liebste. Lachst du viel. Lächelst du oft.
Lächelst du nach innen, ganz für dich.

?

Fühlst du die Anwesenheit deiner geliebten
Menschen, die physisch nicht mehr da sind.
Glaubst du an Schutzengel, an Urkräfte, an
die Unterstützung deiner Ahnen, Krafttiere,
deiner Führer, Meister und Lehrer, deiner
Helfer, deiner geistigen Begleiter.

?

Fällt es dir schwer das Wort Gebet auszu-
sprechen. Kannst du Gott, das Göttliche laut
sagen.

?

Glaubst du daran, dass sobald du zum Universum sprichst, das Universum dich hört. Welche Sinne sind deine liebsten.

?

Hast du bereits ein Erweckungsmoment oder eine Offenbarung erlebt.

?

Wo atmest du durch. Gibt es Momente, wo du völlig losgelöst, wo du befreit bist von dem, was von allen Seiten auf dich drückt, wo du befreit bist von der Dichte der Atmosphäre überhaupt. Wenn du entschleunigt bist im Tempo. Wenn du auf Augenhöhe mit deinem wahren Selbst bist.

?

Bist du bereit Einsichten zu erlangen, die dich überwältigen könnten. Bist du offen für das absolut Neue und das noch nicht Unvorstellbare.

?

Was wäre vonnöten, um die letzten Barrieren, Hürden zu entfernen, damit du sagen könntest: Ich bin bereit. Ich gebe mich hin. Ich höre. Ich vertraue. Ich lausche ins Ungewisse hinein. Ich bin großzügig und offen, bin bereit meine Zeit zu schenken, bereit mein bisheriges Denken aufzugeben, meine bis dato geltende Ansichten zu revidieren. Ich kann meine Unvoreingenommenheit zur Seite legen. Ich habe Lust darauf ein Gefäß zu werden für das, was kommen mag. Ich bin selbst dann offen, wenn nichts dabei herauskommen sollte.

?

Gab es bereits Momente und Zeiten, wo du dich einfach darauf eingelassen hast und nichts erwartetest, damit das Unerwartete überhaupt die Möglichkeit hatte sich dir zu zeigen. Und ist etwas passiert, was wahr-

scheinlich schien oder geschah das gänzlich
Unerwartete.

?

Wie stellst du fest, wann du wächst. Wann
bist du dir sicher, dass und wie viel du dich
entwickelt hast. Wurdest du schon von der
Muse geküsst. Bist du selbst jemandes
Muse, Inspiration, Vorbild, Held. Sahst du
inmitten einer Dunkelheit auf einmal einen
Funken, der einen neuen Pfad erstrahlen
ließ, der vorher und danach nicht mehr gese-
hen werden konnte. Hast du dich von diesem
Funken entfachen lassen etwas zu tun, etwas
zu unterlassen, oder hat er dich dazu geführt
etwas zu wissen.

?

Glaubst du an Zauber, an Wunder. Was
müsste geschehen, damit sich das Zauber-
hafte und unwirklich Schöne für dich voll-
ziehen könnte. Wann durftest du einem
Wunder beiwohnen.

?

Wie kannst du diese Frage beantworten:
Was will ich in diesem Leben. Wie gibst du
dir die Antwort so, dass die Betonung auf jedem einzelnen Wort liegt: Was. Will. Ich.
In. Diesem. Leben.

?

Hattest du schon Vorahnungen. Intuitionen,
die sich in der Realität manifestiert hatten.

?

Wann sagst du: Ich weiß es nicht. Wann: Ich
bin mehr als sicher. Ich schwöre. Welche
Umstände müssen gegeben sein, damit du
dich blind auf etwas einlässt. Wie ist dein
Verhältnis zum Verb glauben.

?

Wann fällt es dir leicht pragmatisch und objektiv zu sein. Wann lässt du Gnade walten. Wie wichtig ist für dich Logik, Analyse, Zuordnung, Prognose. Wie wichtig sind dir Tugenden. Wie stehst du zu Demut, zur Barmherzigkeit, Verzeihung, Vergebung.

?

Was meinst du kannst niemals verlieren. Was hast du verinnerlicht. Was ist das Beste daran dich hinzugeben. Wann warst du das letzte Mal einfach nur da, hast vertraut, hast dich eingelassen, ohne zu wissen, ob die Sache gelingen, ob etwas fruchten würde. Wie definierst du Erfahrung. Wann beginnt für dich Erfahrung. Wann findet sie statt: Bereits vor dem ersten Schritt, in der Aktion selbst, in der Summe des gesamten Prozesses, danach, in der Einbindung der anderen Erfahrungen.

?

Wie viel Anteil in deinem Leben hat das
Ekstatische. Was bedeutet Ekstase für dich.

?

Wie stimmst du dich auf neue Menschen,
auf ungewöhnliche Aufgaben ein. Welche
Gefühle, Gedanken begleiten dich, wenn du
an einem Anfang stehst. Wie ist der Austausch mit Gleichgesinnten, wie ist er mit
Andersdenkenden. Wie wäre der Austausch
mit einem Klon von dir selbst.

?

Was nimmst du mit aus den Abweichungen,
aus den Missverständnissen aus Zwiegesprä-
chen. Welche Art von Übereinstimmungen
tragen dich. Wann hast du Zugeständnisse
gemacht. Wann dir selbst etwas eingestan-
den. Wann dir selbst verziehen. Wie wichtig
sind dir Bestätigungen, Zuspruch, Rücken-
wind. Wann warst du zum letzten Mal im
Auge eines Orkans.

?

Sind dir wissenschaftliche Belege, Qualitäts-
siegel, Kontrollen, das Konforme und allge-
mein Geltende wichtig.

?

Wenn du Energie bist und Energie ständig in
Bewegung ist. Welche Bewegung ist deine
ureigene Bewegung. Auf was bewegst du
dich zu, von was weg. Was bewegt dich.
Was bewegst du.

?

Wie bist du organisiert. Was trifft auf deine
aktuelle Situation am besten zu: tun, unterlassen, dich einlassen, loslassen, zulassen,
weglassen, auslassen. Was ist das Angebot
der Stunde, das dir zur Verfügung steht. Wo
stehst du gerade körperlich, mental, psy-
chisch, emotional, spirituell. Was würdest
du im Kontingent von sechzig Sekunden
machen. Was tun, wenn dir heute sechs Mi-

nuten geschenkt würden. Was würdest du
mit sechzig Minuten anstellen. Wozu würdest du sechs extra Jahre nutzen.

?

Rechnest du gelegentlich in Intervallen, in
Abschnitten, Zyklen. Rundest du ab, machst
du Gleichungen, unter eine Dekade einen
Strich.

?

Findest du es legitim, ohne Begründung etwas zu beginnen oder ohne Begründung auf-
zuhören. Was ist es, was dich flirrend
umgibt, was energetisch durch dich fließt.
Was ist es, das auf dich wirkt. Was ist es,
was aus deinem Wesenskern aus dir dringt.

?

Verstehst du deine eigene Geschichte.
Kannst du Antworten finden, wenn du dir
die berühmten Fragen stellst: Wer. Was.
Wann. Warum. Wie. Wozu. Woher. Wohin.

?

Zur Autorin

Joanna Lisiak, geboren in Polen, lebt seit 1981 in der Schweiz. Seit dem Jahr 2000 sind rund 33 Buchveröffentlichungen von ihr erschienen. Sie schreibt im Bereich Lyrik, Kurzprosa, Theaterstücke und Essays. Zuletzt: „Trauerrituale – in neuer Form verbunden"; „Lenis Märchen – eine Geschichte zur Ermutigung" sowie „Im besten Fall ein Lächeln – eine Lesemeditation über schöne Wörter".